AF388742

CATALOGUE

DE

LIVRES ORIENTAUX

Sur les Sciences physiques,
Histoire naturelle, Belles-Lettres, Histoire, Voyages
et Ouvrages à figures

Provenant de la Bibliothèque de M. T., professeur,

DONT LA VENTE AURA LIEU

LES MARDI 23 ET MERCREDI 24 AVRIL 1861

à 7 heures du soir

28, rue des Bons-Enfants (Maison Silvestre)

SALLE N° 1,

Par le ministère de M⁰ J. BOULLAND, Commissaire-Priseur,

10, RUE DE LA MONNAIE.

———=▷∘∘∘○○∘∘●═——

PARIS

ANCIENNE MAISON SILVESTRE

CAMERLINCK, libraire (successeur)

RUE DES BONS-ENFANTS, 28.

—

1861

La continuation de la vente A. HENNEQUIN (3ᵉ et 4ᵉ parties), du mardi 30 avril au samedi 4 mai, et du mardi 21 au mardi 28 mai 1861. *Mélanges de Brochures diverses*, depuis la révolution de 1789 jusqu'à celle de 1848, etc., etc. Le catalogue est en distribution.

Paris. Imprimerie de A. PILLET fils aîné, 5, rue des Grands-Augustins.

ORDRE DES VACATIONS

1re VACATION. — Mardi 23 avril.

2e VACATION. — Mercredi 24 avril.

500 volumes en lots à la fin de cette vacation.

CONDITIONS DE LA VENTE

Il y aura chaque jour de vente exposition de 1 à 3 heures.

Les livres vendus devront être collationnés sur place, dans les vingt-quatre heures de l'adjudication. Passé ce délai, ou une fois sortis de la salle de vente, ils ne seront repris pour aucune cause.

Les ouvrages qui se trouveront incomplets ou atteints de graves défectuosités seront revendus. Les acquéreurs payeront, en sus du prix d'adjudication, 5 centimes par franc, applicables aux frais.

M. CAMERLINCK, libraire, chargé de la vente, remplira les commissions des personnes qui ne pourraient y assister.

(Affranchir.)

CATALOGUE

DE

LIVRES ORIENTAUX

Sur les Sciences physiques, Histoire naturelle,
Belles-Lettres, Histoire, Voyages et Ouvrages à figures, etc.

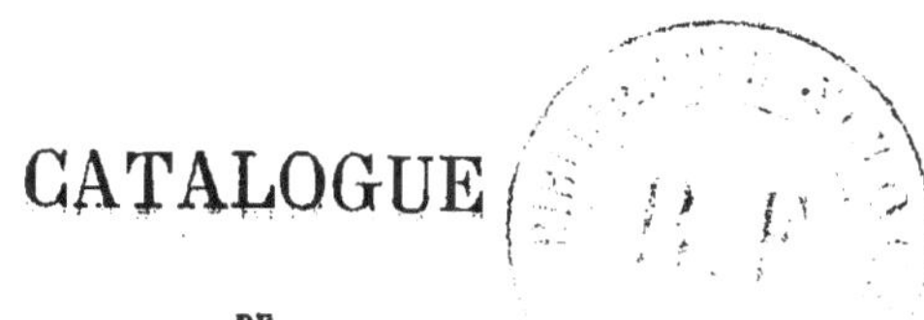

SCIENCES ET ARTS

1. Bautain (L. E.). La Religion et la Liberté. PARIS, 1848, in-8, rel.

2. Comnène (Nic. Steph. de). Progrès social de l'Europe. PARIS, 1841, in-8, dem. rel.

3. De Chabrol-Chaméane. Dict. de législation usuelle. PARIS, 1838, 2 tom. en un vol. in-4, dem. rel.

4. Degérando. Hist. comparée des systèmes de philosophie. PARIS, 1822, 4 vol. in-8, br.

5. Dunoyer (Ch. B.). L'Industrie et la Morale, consid. dans leurs rapports. PARIS, 1825, in-8, dem. rel.

6. Homfrède Davy. Eléments de philosophie chimique. PARIS, 1813, 2 vol. in-8, rel.

7. Hume (De). OEuv. philosophiques. LONDRES, 1788, 7 tom. en 5 vol. in-12, v.

8. Paget (Am.). Introduction à l'étude de la science sociale. PARIS, 1841, in-8, dem. rel.

9. Bary. Problèmes de physique. PARIS, 1838, in-8, cart. Pl.

10. Biot (J. B.). Physique expérimentale. PARIS, 1821, 2 vol. in-8, br. Fig.

11. Bourdon (M. J.). Eléments de physique. PARIS, 1857, in-12, br. Fig.

12. Demonferrand (J. F.). Man. d'électricité dinamique. Paris, 1823, in-8, rel.

13. Mélanges. — Traités de physique, de chimie, d'astronomie et de minéralogie. Ens. 24 vol. et br. in-8 et in-12, br.

14. Péclet. Traité de physique. Paris, 1839, 2 vol. in-8 br. Fig.

15. Perreau (J. A.). Considérations physiques et morales sur la nature de l'homme. Paris, 2 vol. in-18, dem. rel.

16. Peyre (J.). Cours de physique. Paris, 1840, in-8, dem. rel.

17. Physique (traités de). Ens. 16 vol. in-8 et in-12, br.

18. Pinault. Traité de physique. Paris, 1835, 2 tom. in-8, dem. rel.

19. Teyssèdre (A.). Eléments de physique en trente leçons. Paris, 1824, in-12, rel. Pl.

20. Delaunay. Essais chimiques sur les arts et les manufactures. Paris, 1820, 3 vol. in-8, rel.

21. Klaproth. Dict. de chimie. Paris, 1810, 4 vol. in-8, br.

22. Macquer. Dict. de chimie. Paris, 1778, 4 vol. in-12, v.

23. Payen. La Chimie enseignée en vingt-six leçons. Paris, 1825, in-12, dem. rel.

24. Pelouze et Fremy. Abrégé de chimie. Paris, 1854, in-12, dem. rel.

25. Thenard (L. J.). Traité de chimie. Paris, 1821, 4 vol. in-8, rel.

26. Thomson (T. H.). Principes de la chimie établis par les expériences. Paris, 1825, 2 vol. in-8, br.

27. Thomson (Th.). Système de chimie. Paris, 1822, 5 vol. in-8, br. Fig.

28. Bourdon. Eléments d'arithmétique. Paris, 1836, in-8, rel.

29. Lacroix. Traité élémentaire de calcul différentiel et intégral. 1802, in-8 rel. v.

30. Bezout. Arithmétique. Paris, 1819, in-8, rel. Fig.

31. Bourdon. Application de l'algèbre à la géométrie. Paris, 1828, in-8, br. Fig.

32. Peyrot. Encyclopédie mathématique. Paris, 1829, 3 vol. in-8, rel.

33. Biot. (J. B.) Traité élémentaire d'astronomie physique. Paris, an XIII, in-8, rel. v.

34. *Id.* Traité d'astronomie physique. PARIS, 1841, in-8, br. (Tom. Ier). Atlas in 4, br.

35. Dalmanche. Les Usages de la sphère et des globes. PARIS, 1800, in-8, rel. v.

36. De Lalande. Abrégé d'astronomie. PARIS, 1774, in-8, rel. v.

37. *Id.* (J.). Abrégé d'astronomie. PARIS, 1795, in-8, rel. v.

38. Herschel. Traité d'astronomie. PARIS, 1836, in-12, br. Fig.

39. Leroy (J. B.). Méthode raisonnée du calcul mental. — Description du cercle de Borda. PARIS, 1840, in-8 rel. Fig.

40. Binaut. Chemins de fer d'Angleterre. PARIS, 1840, in-8, rel.

41. Dictionnaire chronologique et raisonné des découvertes et inventions en France, de 1789 à 1820. PARIS, 1824, 16 vol. in 8, rel. (Manq. le 1er vol.).

42. Hachette. Traité des machines. PARIS, in-4, br. Pl.

43. Tourneux (P.). Encyclopédie des chemins de fer. PARIS, 1844, in-12, br. Fig.

44. Agriculture (Dict. raisonné et universel d'). PARIS, 1809, 13 vol. in-8, rel. Pl.

45. Bailly. Manuel du jardinier. PARIS, 2 vol. in-18, dem. rel. Fig.

46. Candolle (de). Organographie végétale. PARIS, 1827, 2 vol. in-8, rel. v. fil.

47. Castelnau (comte de). Hist. nat. des insectes. PARIS, 1840, 4 vol. in-8, rel. v. Fig.

48. Cétologie. Tableau encyclopédique et méthodique des trois règnes de la nature. PARIS, 1788, 3 vol. in-4, dem. rel. Planc.

49. Comte (Ach.). Keepsake d'histoire naturelle (Description des oiseaux). PARIS, 1839, gr. in-8, mar. fil. tr. dor. Portr. 150 dessins de V. Adam.

50. Dessalines d'Orbigny (M. A.). Tableau méthod. de la classe des céphalopodes. PARIS, 1825, in-8, dem. rel.

51. Geoffroy Saint-Hilaire. Cours d'hist. naturelle des mammifères. PARIS, 1829, in-8, dem. rel.

52. Krafft (J. Ch.). Plans des plus beaux jardins pittoresques de France, d'Angleterre, d'Allemagne et des édifices, monuments, fabriques, etc., qui concourent à leur embellissement dans tous les genres d'architecture. PARIS, 1809, 2 vol. in-4, cart.

53. Lasteyrie (comte de). Collection de machines, instruments, ustensiles, etc., employés dans l'économie rurale. PARIS, 1823, 2 vol. in-4, v. Pl.

54. Le Maout (Emm.). Cours élém. de botanique. PARIS, in-8, dem. rel. Pl.

55. Lesson (R. P.). Traité d'ornithologie. PARIS, 1831, 2 vol. gr. in-8, cart. Pl.

56. Levaillant. Hist. naturelle d'une partie d'oiseaux nouveaux et rares de l'Amérique et des Indes. (Tom. Ier.) PARIS, 1801, in-4. Fig. col.

57. Maréchal (le citoyen). La Ménagerie du muséum d'histoire naturelle, ou les Animaux vivants peints d'après nature, sur vél. PARIS, 1801, in-fol., r.

58. Pelouze. Minéralogie industrielle. PARIS, 1829, in-12, rel. v.

59. Péron et Lesueur. Systèmes des div. classes d'animaux sans vertèbres. In-fol. — Hist. gén. et particulière de tous les animaux méduses, in-4. Ens. 2 vol. dem. rel.

60. Savigny (J. C.). Oiseaux, poissons et reptiles d'Egypte. 5 vol. in-fol., dem. rel. Fig.

61. Seba (Alb.) (Planches de). 4 vol. in-fol., rel. (Noires et coloriées.)

62. Sonnini (C. S.). Hist. naturelle. PARIS, 1808, 127 vol. in-8, v., tr. dor. d. Fig. noires et coloriées. (Magnifique exempl. unif.)

63. Vieillot (M. P.) et Oudart (P.). La Galerie des oiseaux. PARIS, 1825, 2 vol. in-4. Fig. col.

64. Blaud (P.). Traité élémentaire de physiologie philosophique. PARIS, 1830, 2 vol. in-8, rel.

65. Broussais (F. J. V.). De l'irritation et de la folie. PARIS, 1839, 2 vol. in-8, dem. rel.

66. Cullerier. Affections blennorrhagiques. PARIS, 1861, in-8, br.

67. Dugès (Ant.). Traité de physiologie comparée de l'homme et des animaux. PARIS, 1839, 3 vol. in-8, dem. rel.

68. Forlenze. Relation des opérations et expériences de la cataracte. COLMAR, 1817, in-8, rel.

69. Jadelot (J. F. N.). Expériences sur le galvanisme. PARIS, 1799, in-8, rel. v. fil. tr. dor.

70. Mojon (B.). Lois physiologiques. PARIS, 1842, in-8, dem. rel.

71. Arcet (d'). Mém. sur l'art de dorer le bronze. PARIS, 1818, in-8, dem. rel.

72. **Burnet. Dict. de cuisine et d'économie ménagère.** Paris, 1836, in-8, dem. rel.

73. Diepenbek. (Cinquante-huit planches mythologiques grav. par). in-fol. en ff.

74. Gravures diverses. — Atlas de 60 planches noires et coloriées, in-4.

75. Jeu des échecs, avec les différentes manières de le jouer. Paris, in-12, rel.

76. Nouveau Livre d'écriture pour apprendre de soi-même à écrire. grav. par Le Parmentier, in-8 br.

77. Recueil de planches de l'Encyclopédie, par ordre de matières. Paris, Panckoucke, 1783-90, 8 vol. in-4, v. (Bel exemplaire.)

BELLES-LETTRES

78. Thurot (F.). Hermès, ou Rech. philosophiques sur la grammaire universelle. Paris, an IV, in-8, rel. v.

79. Thibaut (M. A.). Dict. franç.-allemand et allem.-français. Leipsig, 1821, in-8, rel.

80. Larcher. Hist. d'Hérodote. Paris, 1841, 2 vol. in-12, rel.

81. Arioste (Satires de l'), trad. en franç. Lyon, 1826, in-8, dem. rel. Portr.

82. Mazuy. Roland le Furieux, avec la vie de l'Arioste. Paris, 1839, 3 vol. in-8, rel.

83. Béranger (OEuvr. complètes de), cont. les chansons nouvelles. Paris, 1857, in-32, dem. rel. m.

84. Contes bruns. Paris, 1832, in-8, dem. rel.

85. Dumas (Alex.). Impressions de voyage. Paris, 1855, gr. in-8, dem. rel. Fig.

86. Florian (de). Gonzalve de Cordoue. Paris, 1791, 2 vol. in-8, v. gauf., fil., tr. dor. Fig.

87. Hoffman (OEuvr. d'). Paris, 1829, 10 vol. in-8, v. gauf.

88. Janin (J.). Le Chemin de traverse. Paris, 1836, 2 vol. in-8, rel.

89. Janin (J.). L'Ane mort et la femme guillotinée. Paris, 1838, in-8, dem. rel.

90. Loiseleur-Deslongchamps. Essai sur les fables indiennes et leur introduction en Europe, suivi du roman des Sept sages de Rome, par Leroux de Lincy. Paris, Techener, 1838, in-8, dem. rel.

91. Petis de la Croix. Les Mille et un jours (notes par Loiseleur-Deslongchamps). Paris, 1838, gr. in-8, dem. rel.

92. Raymond (Mich.). Les Sept péchés capitaux. Paris, 1833, 2 vol. in-8, rel.

93. Saint-Aubin (H. de). Don Gigadas. Paris, 1840, in-8, dem. rel.

94. Touchard-Lafosse. Rodolphe, ou A moi la fortune. Paris, 1837, 2 vol. in-8, dem. rel.

95. Vigny (Alf. de). Stello, ou les Diables bleus. Paris, 1832, in-8, dem. rel.

HISTOIRE ET VOYAGES

96. Cartes géographiques. Iles Britanniques, Allemagne, Hautes et Basses-Pyrénées, plans de Paris, cartes du Danube. Réun. en 1 lot.

97. Géographie moderne. — Dictionnaire. Paris, 4 vol. gr. in-8, dem. rel.

98. Aubignosc (L. P. B. d'). La Turquie nouvelle. Paris, 1839, 2 vol. in-8, rel.

99. Barthélemy (J. J.). Voy. du jeune Anacharsis. Paris, 1821, 8 vol. in-8, dem. rel.

100. Belzoni (G.). Voy. en Egypte et en Nubie. Paris, 1821, 2 vol. in-8, dem. rel. Portr. Cart.

101. Cadalvène (E. de) et Barrault (E.). Deux années de l'hist. d'Orient, 1839-40. Paris, 2 tom. in-8, dem. rel.

102. Chauvin-Beillard. De l'empire ottoman, de ses nations et de sa dynastie. Paris, 1845, in-8, dem. rel.

103. Corréard (J.). Guide maritime et stratégique dans la mer Noire, la mer d'Azof, etc. Paris, 1854, in-8, rel. et atlas in-fol.

104. Galibert (L.). Constantinople ancien et moderne. Paris, 3 vol. in-4, cart. tr. dor. Fig.

105. Geoffroy-Saint-Hilaire (J.). Expédition scientifique de Morée. Paris, 1833, in-4, dem. rel. Fig. col.

106. Hammer (de). Hist. de l'empire ottoman, trad. par J. Hellert. Paris, Bellizard, 1836, 6 vol. in-8, br.

107. Herbelot (d'). Bibliothèque orientale. Paris, 1781-83, 6 vol. in-8, rel. v.

108. Ibn-Khaldoun. Hist. des Berbères et des dynasties musulmanes de l'Afrique sept. (trad. de l'arabe par le baron de Slane). Paris, 1852, grand in-8, dem. rel. Tome Ier.

109. Jaubert (Am.). Voy. en Arménie et en Perse. Paris, 1821, in-8, rel.

110. Journal d'un voy. dans la Turquie d'Asie et la Perse, 1807-08. Paris, 1809, in-8, rel.

111. Lamartine (A. de). Hist. de la Turquie. Paris, 1855, 8 vol. in-12, rel.

112. Lamartine (Alph. de). Souvenirs et impressions de voyage en Orient. Paris, 1835, 4 tom. en 2 vol. in-8, rel.

113. Lesseps (Ferd. de). L'Isthme de Suez. Paris, 1855, in-8, dem. rel. cart. Suivi du percement. — Rapp. et projets. 2 vol. in-8, br.

114. Lettres sur le Bosphore. Paris, 1821, in-8, dem. rel.

115. Mengin (Fél.). Hist. de l'Egypte sous le gouvernement de Mohammed-Aly. Paris, 1823, 2 vol. in-8, dem. rel.

116. Mohammed Ebn-Omar-el-Tounsy. Voyage au Darfour (trad. de l'arabe par le Dr Perron). Paris, 1845, gr. in-8, dem. rel. Portr. Cart.

117. Norden (F. L.). Voyage d'Egypte et de Nubie. Paris, 1795 3 vol. in-4, v. Pl. et cart.

118. Ohsson (d'). Tableau gén. de l'empire ottoman. Paris, 1787-1820, 3 vol. in-fol. cart. Fig.

119. Olivier. Voyage dans l'empire ottoman, l'Egypte et la Perse, Paris, 1807, 3 vol. in-4 et atlas.

120. Reinaud. Description des monuments musulmans. Paris, 1828, 2 vol. in-8, cart. n. rog. Fig.

121. Rennell (James). Description de l'Indostan. Paris, 1800, 3 vol. in-8, rel. Atlas in-4.

122. Revue de l'Orient. — Revue de la société orientale depuis 1841 à 1846. 5 vol. in-8, rel ; dem. rel. jusqu'en 1861. 34 livr. — Rev. orientale et américaine. 11 livr. in-8.

123. Savary. Lettres sur la Grèce, pour servir à celles sur l'Egypte. Paris, 1798, 4 vol. in-8, rel. Cart.

124. Schoell (Fréd.). Tableau des peuples qui habitent l'Europe. Paris, 1812, in-8, v. fil.

125. Sonnerat. Voyage aux Indes orientales et en Chine. Paris, 1807, 4 vol. in-8, v. marb. fil. Atlas in-4.

126. Art (l') de vérifier les dates des faits historiques, des chartes, des chroniques et autres anciens monuments. Paris, 1819, 36 vol. in-8, rel. v. Bel exempl.

127. Krasmski (Val. comte). Essai de l'hist. religieuse des nations slaves. Paris, 1853, in-8, dem. rel.

128. Bourgade (abbé F.). Soirées de Carthage. Paris, 1852, in-8, rel.

129. Gibbon. Hist. de la décadence et de la chute de l'empire romain. Paris, 1839, 2 tom. en 1 vol. gr. in-8, dem. rel.

130. Lebeau. Hist. du Bas-Empire. Paris, 1824, 21 vol. in-8, dem. rel.

131. Artiste, des beaux-arts et belles-lettres (l'). 4e série, tom. III. Paris, 1845, in-4, dem. rel. Pl.

132. Célébrités contemporaines. Paris, gr. in-8, 225 portr.

133. Journal illustré des voyages et des voyageurs (2e année), in-4, cart.

134. La Lecture, journal de romans, de juillet 1858 à juillet 1859, in-4, cart.

135. Lanterne magique. La 1re année, in-4, dem. rel.

136. Planche (G.). Portraits littéraires. Paris, 1836, 2 vol. in-8, dem. rel.

137. Semaine des enfants. Les 1re, 2e et 3e années, 2 vol. in-4, cart.

138. Ticozzi (Stefano). Memori di Bianca Cappello, gran-duchessa di Toscana. Firenze, 1827, in-8, dem. rel. Portr. col.

139. Mélange d'ouv. de littérature et d'hist. Ens. 25 vol. rel. br.

140. Mélanges. Rec. de secrets et curiosités. — Hist. de l'Anc. et du Nouv. Testament, par Lemaistre de Sacy, 1835. Fig. — Matières pour le baccalauréat, 1860. — La Sorcellerie, 1853. — Mystères du sommeil et du magnétisme, 1845. — Annales de l'industrie nationale, 1820. Pl. Ens. 7 vol. rel. br.

OUVRAGES ORIENTAUX

141. Beidharvii. Commentaire du Coran. Leipsig, 1846, in-4, v. ff. d.

142. Collection renfermant un commentaire du cheikh Mohammud-Az-Zorkany sur le Traité en vers de la science des hadis de Al-Baïkouny, un Commentaire du cheikh Al-Badry sur le même traité, et des notes du cheikh Al-Lakkany sur le Commentaire de Noukhbah, qui traite de la même science. 612 pages in-4, dem. rel. orient.

143. Jouhanna Parsi Erchadou-Houkkam ila tahrir noussous-el Ahokam. Modèle des actes de notariat et des lettres, et quelques fataoua (décisions ou réponses sur des questions de religion données par des mufti) que l'auteur a recueillis pendant son long séjour en Egypte. Man. de 258 pages, écrit par l'auteur. In-4, dem. v.

144. Kashsaf, the Qoran with the commentary. Calcutta, 1856, 1er vol. In-4, br.

145. Le Cadi Al-Baidhaouy, célèbre savant. Seconde moitié de son Commentaire sur le Coran. 420 pages in-fol., rel. orient.

146. Le Cheikh Annadjary, célèbre savant de l'Egypte. Commentaire sur le Commentaire de Assaad-at-Taftasany, sur l'ouvrage de théologie et de philosophie de Omar-An-Nassafy, intitulé : Al-Akayd. (Cet ouvrage jouit d'une grande réputation en Orient.) 560 pages in-4, dem. rel.

147. Le Coran. (Beau manuscrit en caractères persans, papier de soie; toutes les pages sont entourées d'un filet d'or.) 1000 pages in-4, mar. tr. dor. (Bel exempl.)

148. Djeridé, manière de calculer et distribuer les successions. Constantinople, 1847, in-8, mar. fil. d. (Bel exempl.)

149. Le Cheikh Ahdoullah-Ben-Tajecharijah. Commentaires intitulés : At-Taoudih, sur le traité des principes fondamentaux de jurisprudence de la secte hanéfite, intitulée : At-Tankih. 400 pages in-4, d. rel. orient.

150. Le Cheikh Abou-L-Hassan As-Saghir. Commentaire intitulé : Tahkikou-L-Mabany, sur l'ouvr. de jurisprudence et la religion musulmane intitulé : Ar-Rissalah, par Sidi Ebnou Abdou-Llah Ebnou Abi Zaïd, célèbre jurisconsulte. 1360 p. in-4. 2 vol. rel. orient.

151. Le Cheikh Djamalouddine-Abou-Saad-Al-Basty, célèbre cadi musulman. Commentaire sur l'ouvrage de jurisprudence,

d'après la secte hanéfite, par Al-Koudoury. (Très-estimé).
598 pages in-4, rel. orient.

152. Le Cheikh Ibnou-Kamal-Bacha, célèbre jurisconsulte de Constantinople. Commentaire intitulé : Al-Jdhah, sur la jurisprudence intitulée : Al-Islah, d'après la secte hanéfite. 471 pages in-4, rel. orient.

153. Le Cheikh Ibnou-Kamal-Bacha, célèbre savant de Constantinople sous le régne du sultan Sélim. Notes sur le célèbre commentaire intitulé : At-Talouih, sur le commentaire At-Tabudih de l'ouvrage sur les principes fondamentaux de jurisprudence, intit. At-Tankih. 284 pages in-12, d. rel. orient.

154. Le Cheikh Moullà-Khosrou, célèbre cadi de Constantinople du dix-neuvième siècle de l'hégire. Commentaire intitulé : Dourarou-l-Houkham, sur sa jurisprudence, d'après la secte hanéfite, intitulé Ghourarou-L-Ahkam. (Ouvrage très-estimé en Orient.) 332 pages in-4, rel. orient.

155. Recueil renfermant les notes de Tchalaby et celles de Al-Kordy, sur les notes de Mir Abou-L-Fath sur le célèbre commentaire de Moulla Hanafy sur le traité de polémique. 294 pages in-4, d. rel. orient.

156. Abou-Jabra-Kharouf. Commentaires sur le traité de médecine intitulé Al-Mougez, par Ebno-Nafis. Incomplet à la fin. 276 pages in-4. Quelques piqûres.

157. Ancarevy. Commentaire du Methnevy. BOULAC, 1834, 3 vol. in-4, rel. orient.

158. Divers modèles d'écriture choisis et ornés des écrivains turcs, arabes et persans. d. 1 cart., orient.

159. Le Cheikh Yzzou-Ddaoula-Saâd Ebnou Kamouna, remaniement et développement de deux ouvrages de philosophie d'Avicenne, Al-Icharat et At-Anbihat. 198 pages in-4, d. rel. orient.

160. Le Cheikh Abdou-L-Ouahhab as-Chaârany, célèbre saint et savant musulman égyptien du dixième siècle de l'hégire. Questions philosophiques inconnues, sur lesquelles son professeur lui a donné des éclaircissements intitulés : Al-Jouahir oua Ddourac. 284 pages in-4, rel. orient.

161. Le Cheikh Mohye-ddine Ibnou Aaraby, célèbre saint et savant musulman. Traité de philosophie morale, intitulé : Choujounou-L-Maschjoun. 102 pages in-4, broché.

162. Recueil renfermant : Commentaires de Al-Kady Zakharija; *Id.* de Al-Jerby; *Id.* de Al-Fanary; tous trois sur le traité de logique intitulé : Issaghougy; notes de Al-Kaïlouby et de Al-Ghounaimy sur le premier commentaire ci-dessus, et celle

de Koulla-Ahmed sur le troisième. 286 pages in-4, d. rel.
orient.

163. Ma-hadar. Commentaire du Pend nameh du cheikh Attar. Con-
STANTINOPLE, 1844, in-8, rel. orient.

164. Medjmou-Ab-Muhendicin. Géométrie pratique, CONSTANTINOPLE,
in 8, dem. rel. orient.

165. Mohammed Guianil, cuisinier turc. CONSTANTINOPLE, 1837, in-8,
dem. rel.

166. Mohammed Chaquir. Comment. du Beharistan de Djami. Con-
STANTINOPLE, 1836, in-8, dem. rel.

167. Mohammed Tahir. Trigonométrie rectiligne et sphérique. Con-
STANTINOPLE, 1847, in-8, br.

168. Recueil de plusieurs commentaires incomplets sur le traité de
la philosophie intitulé : Hikhmatou-L-Aâïn. 244 pages in-4,
d. rel. orient.

169. Recueil contenant plusieurs traités sur les instruments astrono-
miques. Comm. du cheikh Al-Monakhar, célèbre astronome
de Tunis, sur le traité en vers d'Ebnou-Ghânim, sur l'explication du quart de cercle appelé en arabe Ar-Roubou-
Aulmjayeb ; Comm. du cheikh Aly-ben-Mamy Karabassah,
célèbre astronome de Tunis, sur le traité de Badrou-Ddine
Al-Maridiny sur le même instrument; un traité sur le quart
de cercle appelé en arabe Ar-Roubou-Aulmoukantar al Ka-
mil, par Badrou-Ddine al-Maridiny ; traité du Chehabou-
Ddine al-Aarabi sur l'explication de l'usage du premier instrument ci-dessus; et comm. d'Abdou-Rrachman Al-Madi-
ouny sur le traité en vers du calendrier et d'astronomie, par
Abou-Moukry. 278 pages in-4, rel. orient.

170. Señnetu-al-Raghib. OEuvre de Raghib Pacha, grand visir.
CONSTANTINOPLE, 1840, in-4, dem. rel. Texte arabe.

171. Soudy. Commentaire du Gulistan de Sadi. CONSTANTINOPLE,
1828, in-4, dem. rel.

172. The algebra of Mohammed ben Mussa, translated by fred.Rosen.
LONDON. 1831, in-8. v.

173. Traité de pharmacie, trad du franç. en arabe, imprimé à Bou-
LAC. 136 pages in-4, rel. orient.

174. Traité de pharmacie, traduit du franç. en arabe, imprimé à
BOULAK. 210 pages. In-4, rel. orient.

BELLES-LETTRES

175. Akhteri. Dictionnaire arabe et turc. Constantinople, 1836, in-4, rel. orient.

176. Ahmed-Hamdi. Commentaires de Schahidy. — Dictionnaire persan-turc, en vers. In-8, rel. orient., encad. d'or. (Manuscrit.)

177. Aquif Effendi. Œuvres compl. Constantinople, 1833, in-8, dem. rel.

178. Ataly. Comm. de Izhare. — Grammaire arabe. Constantinople, 1839, in-8, dem. rel.

179. Aziz-Effendi. Roman turc. Constantinople, 1852, in-8, dem. rel. (Haut style.)

180. Beharistan. Texte persan et allemand. Vienne, 1845, in-8, dem. rel.

181. Bianchi. Dictionnaire turc-français et franç.-turc. Paris, 1850, 4 vol. in-8, dem. rel.

182. Burhan-i-Cati. Dictionnaire persan et turc. Constantinople, 1805, in-4, dem. rel.

183. Camouss. Dictionnaire arabe et turc. Constantinople, 1850, 3 vol. in-4, dem. rel.

184 Chrestomathie persane expliquée en russe. Moscow, 1826, in-8, dem. rel.

185. Ebi-al-Fadle. Epistolaire arabe (haut style), encadr. d'or, mar. taché. (Manuscrit.)

186. Etheri-Chevquet. Dictionnaire de la langue turque. Constantinople, 1850, in-8, en ff. (Manque quelques feuill.)

187. Ghalib. Poésie turque. Boulac, 1836, in-4, dem. rel.

188. Grammaire raisonnée de la langue ottomane, par James W. Redhouse. Paris, 1846, in-8, dem. rel.

189. Grammaire turque. Méthode courte et facile. Constantinople, 1730, in-4, dem. mar. Mouillé.

190. Gul-u-Bulbul, texte persan et allemand. Leipsig, 1834, in-8, dem. rel.

191. Hayati. Commentaire de Tahfe. Dictionnaire persan et turc en vers, par Vehbi. Constantinople, 1808, in-8, rel. orient.

192. Humayoun-Nameh, traduction turque de Kalila et Dimna. Bou-
LAC, 1838, in-4, dem. rel. (Haut style.)

193. Kavaid-Othmaniyé, ou Grammaire de la langue turque, par
Fuad-Pacha. CONSTANTINOPLE, in-8, rel.

194. Le Cheikh Ebnou-Akil. Commentaires sur la grammaire en
vers intitulée : Al-Fya, par Ebnou-Malik, accompagnés du
texte à part. 480 pages, 2 vol. in-4, dem. rel.

195. Lehdjetu al-Lughat. Dictionn. turc-arabe-persan, par Esad-
Moulla. CONSTANTINOPLE, 1807, in-4, rel. orient., coins fil.
dorés. (Bel exempl.)

196. Le Roman de Al-Hakim, roi d'Egypte. 756 pages, 2 vol. in-8,
v. rac.
Titre monté; taches et piqûres; il manque quelques pages à la fin.

197. Livre des prières des jours et des mois de l'année et autres.
534 pages in-12, mar. vert, tr. dor.

198. Lugati Othmaniyé. Recueil des mots arabes et persans usités
dans la langue turque. CONSTANTINOPLE, 1852, in-8, dem.
rel.

199. Mallouf. Fevaidi-Charquié. Grammaire turque, arabe et persane. SMYRNE, 1854, in-8, cart.

200. Markos Antoninon. Persan-grec. VIENNE, 1831, in-8 v. vert, fil.

201. Mizam-L-Edeb, Grammaire arabe, trad. en turc. CONSTANTI-
NOPLE, 1850, in-8, dem. rel. (Texte turc et arabe.)

202. Mustatref. Littérature arabe, trad. en turc par Esad-Moulla.
CONSTANTINOPLE, 1847. 2 vol. in-4, dem. rel. (Bel exemplaire.)

203. Nerquiti. OEuvres compl., littérature (haut style). BOULAC,
1839, in-8, dem. rel.

204. Oder Grammatik der persischen sprache, Ein Sehrbuch He-
rausgegeben von Possart, 1831, in-8, dem. rel.

205. Recueil contenant un commentaire d'Ibnou-Ischana, célèbre
grammairien, sur sa grammaire intitulée : As-Chou-Dhour;
notes sur ce commentaire par le cheikh Al-Amir, célèbre
savant égyptien du comm. du treizième siècle et premier
professeur à la grande mosquée du Caire, appelée Azhar;
notes de At-Bijay sur le même ouvr. — Notes de Ad-Da-
maminy sur le même ouvr., et commentaires sur le com-
plément de la grammaire As-Choudour. — Ouvr. class.
orient. 760 p. in-4, rel. orient, n. cousu.

206. Sacy (Silvestre de). Anthologie grammaticale arabe. PARIS, 1829,
in-8, dem. rel.

207. Sacy (Silvestre de). Supplément de Enys-al-Mofid, texte arabe. PARIS, 1827, in-8, dem. rel. (Rec. de règles grammaticales.)

208. Saroury. Poésies turques. BOULAC, 1839, in-8, dem. rel.

209. Soohrab, a poem freely translated from the original persian of Firdousee. CALCUTTA, 1814, in-8, v. fil.

210. Traité sur la langue persane, à l'usage des Turcs. 398 pages. in-4, rel. orient.

211. Tuhfe al-Avamil. Grammaire arabe. CONSTANTINOPLE, 1850, in-8, dem. rel.

212. Vehbi. Poésies turques. BOULAC, 1837, in-8, dem. rel.

213. Wilken, institutiones ad fondamenta linguæ persicæ cum chrestomathia, maximam partem et auctoribus ineditis collecta. LIPSIÆ, 1805, gr. in-8, dem. rel.

214. Wüsterfeld (Ferd.) Jacuts Moschtarih das ist, Lexicon geographischer homonyme, crusden Handschriften zu Wien und Leyden. GOTTINGEN, 1846, in-8, v. b. fil.

HISTOIRE

215. Abd-Aliatif, médecin arabe de Bagdad. Relation de l'Egypte, suivi de divers extraits d'écrivains orientaux et d'un état des provinces dans le quatorzième siècle. Trad. par Sylvestre de Sacy. PARIS, 1810, in-4, dem. rel.

216. Abou Mahassine. Histoire d'Egypte et d'autres pays (manq. le commenc.), suivie de l'hist. d'Egypte : Ar-Raoudha-al-Mânousah. 220 pages in-fol., dem. rel.

217. Al-Cheikh Refa-a. Voyage en Europe. BOULAC, 1839, in-8, rel. Orient. Texte turc et vers arabes.

218. As-Charif Al-Idrissy. Géographie en arabe, intitulée : Nouzhatou-i-Mouschtak. In-8, v. ant.

219. Checaiq-al-Numaniye. Biographie des savants turcs-arabes, trad. turque. CONSTANTINOPLE, 1851, in-4, en f. Manq. qq. feuilles.

220. Chrestomathie de l'émir Ali-Schir. Notes et traduction de Quatremère. PARIS, 1841, in-8, br.

221. Djevdet. Histoire de l'empire ottoman, 1856, 3 vol. in-8, dem. rel.

222. Etat actuel de la Perse, par Mir-Davoud-Zadour-de-Melik-Schahnazar, envoyé en France en 1816. Persan et trad. en arménien et en franç., par J. Chahan de Cirbied. PARIS, 1817, in-24, v. f. tr. d. fil. Bel exempl.

223. Feridoun-Bey. Epistolaire des sultans. Constantinople, 1848, 2 vol. in-4, rel. orient.

224. Ferdousee Shah-Nameh.. An heroic poem, containing the History of Persia from Kioomurs to Yesdejird, that is from earlien times to the conquest of that empire by the Arabs. Calcutta, 1829, 4 vol. in-8, v. f. fil. Bel exempl.

225. Histoire en turc imprimée à Constantinople. 190 pages in-fol. dem. rel. orient.

226. Ibni Couteibé. Hist. des générations arabes expliq. en latin. Gothæ, 1775, in-8.

227. Jalalou-Ddine As-Souijouthy. Histoire de l'Égypte intitulée : Housnou-L-Mouhadhirah. 390 pages in-4, br.

228. J. H. Mœllero. Catalogus librorum tam manuscriptorum quam impressorum, qui jussu divi Augusti ducis Saxo-Gothani a Beato Seetzenio in Oriente emti, in bibliotheca gothana asservantur Gothæ, 1826, in-4, dem. rel.

229. La Vie de Mohammed, en turc. (Très-beau manuscrit; la première page est ornée de miniatures. Chaq. page est entourée de deux filets de couleur, les deux premières en or. Le papier est de soie.) 250 pages in-8, rel. orient., mar. citron, tr. dor.

230. Mirchondi. Historia Sassani. Des. Calcutta, S. d. In-8, dem. rel.

231. Mirchondi. Historia seldschukidarum persice e codicibus manuscriptis, Parisino et Berolinensi. Gissæ, 1837. in-8, dem. rel.

232. Mouhamedis filii Chavedshahi. Historia regum samanidarum persice et latine. Gottingæ, 1808, in-4, cart.

233. Portraits des sultans, leur généalogie depuis Adam jusqu'à nos jours. Constantinople, s. d. In-4, cart.

234. Sprenger. Catalogue of the arabic persian and hindustany manuscript. Of the libraries of the king of Oudh. Calcutta, 1854, in-8, dem. rel.

285. Vacif-Effendi. Hist. de l'empire ottoman. Boulac, 1827, in-4, rel. orient.

236. Zahrou-L-Kemain. L'Histoire de Joseph, fils de Jacob, d'après le Koran et ses commentateurs. 176 pages in-4, v. r.

Mélanges.

237. Al-Aaïny, célèbre jurisconsulte. Commentaire sur le traité de la jurisprudence et de la religion musulmanes, d'après la

secte hanéfite, intitulé : Kanzou-Ddakayk, par An-Nassafy. (Très-suivi en Orient.) 700 pages, rel. orient.

238. Al-Cheikh Bourhan-Aldin-Al-Tara-Bulucy. Jurisprudence sur le droit de tester en faveur des établissements de bienfaisance. 180 p. in-8, br.

239. Al-Kalambaouy, grand savant et philosophe de Constantinople au douzième siècle de l'hégire. Notes sur les notes de Al-Lary sur le célèbre commentaire de Al-Haïboudy sur le traité de la philosophie théorique intitulé · Al-Hidaïa. (Cet ouvrage a une grande réputation en Orient, à cause des connaissances et de l'exactitude de l'auteur.) 435 pages in-4, rel. orient. Imprimé à Constantinople.

240. Al-Kastallany, savant éminent. Le 5ᵉ volume de son Commentaire sur le célèbre ouvrage des hadis, par Al-Bokhary. (C'est l'ouvrage le plus authentique.) 1 vol. in-fol. de 1036 pages, rel. orient.

241. Al-Oubby, célèbre savant du huitième siècle. 2 vol. incomplets de son commentaire sur le célèbre ouvrage des hadis, par Mouslim. (Ouvrage très-rare et très-estimé.) 586 pages in-fol., rel. orient.

242. Chmyd. Abrégé de Lebsum, 1856. — La Vierge, 1853. — Dialogue orthodoxe, 1850. — Règle de la vie, 1851. — L'Esprit, 1856, etc. Ens. 9 vol. et br.

243. Collection renfermant : Commentaire de Al-Kourthouly sur la Poésie de la vie de Mohammed et des conquêtes de ses disciples, par As-Chakrathessy. — La Vie de Mohammed en vers, intitulée : Ad-Dourratou Ssangah, par Al-Iraky. — Notes de Al-Mahally sur l'analyse grammaticale intitulée : Al-Moukaddimah, par Ebnou-Hischam. — Un ouvrage de philosophie et de la religion musulmane, intitulé : Jakoutatou-L-Ilm, et Comment. sur l'ouvrage de théologie de Arsalan, par le kadi Zakariah-Al-Ansary. 434 pages in-4, dem. rel. orient.

244. Djendet. Abrégé de la grammaire turque. Constantinople, 1852. — Catalogue persan-turc. Constantinople, 1848. Imreu-al-Cayse-Muallaca. — Morceaux choisis du Gulistan et autres. 7 br.

245. Ibn Coteibas Handbuch der Geschichte, von Ferd. Wüstenfeld. Goettingen, 1850, in-8, dem. rel.

246. Foussoulou-L-Imady. Jurisprudence d'après la secte hanéfite. (L'un des ouvrages les plus consultés.) 1133 pages in-4, dem. rel. rient.

Paris. Imprimerie Pillet fils Aîné, rue des Grands-Augustins, 5.

TABLE DES DIVISIONS